Poursuite dans Paris

Illustrations de **Emiliano Ponzi**

Rédaction : Jimmy Bertini, Cristina Spano
Direction artistique et conception graphique : Nadia Maestri
Mise en page : Simona Corniola
Recherches iconographiques : Laura Lagomarsino

© 2007 Cideb

Première édition : février 2007

Crédits photographiques :
© Yann Arthus-Bertrand/CORBIS : page 16 ; © Harald A.
Jahn/CORBIS : page 19 ; © AM Corporation/Alamy : page. 33;
© guichaoua/Alamy : page 68 : AFP/grazia neri : page 70.

Vous trouverez sur le site blackcat-cideb.com (espace étudiants et
enseignants) les liens et adresses Internet utiles pour compléter les
dossiers et les projets abordés dans le livre.

Pour toute suggestion ou information, la rédaction peut être
contactée à l'adresse suivante :
info@blackcat-cideb.com

CISQ CISQ CERT
TEXTBOOKS AND
TEACHING MATERIALS
The quality of the publisher's
design, production and sales processes has
been certified to the standard of
UNI EN ISO 9001

Imprimé en Italie par Italgrafica, Novara

Sommaire

  Le texte est intégralement enregistré.

DELF   Les exercices qui présentent cette mention préparent aux compétences requises pour l'examen.

Plan de Paris

Quand on parle de Paris, on pense aux monuments historiques, aux musées, aux théâtres et... au métro ! Le plan ci-dessous vous donne un aperçu de quelques-unes de ses lignes et de ses stations. Les lieux où se déroule l'histoire y sont également représentés : vous pourrez ainsi suivre à chaque chapitre le parcours de Max et Lucie.

Au fil de votre lecture, insérez les lettres dans les cases en respectant la chronologie de l'histoire.

a La station Argentine

b Le parc des Buttes-Chaumont

c Le cimetière du Père-Lachaise

d La station La Défense-Grande Arche

e Quai des Orfèvres (la Police)

f Le port de l'Arsenal

g La station Châtelet-Les Halles

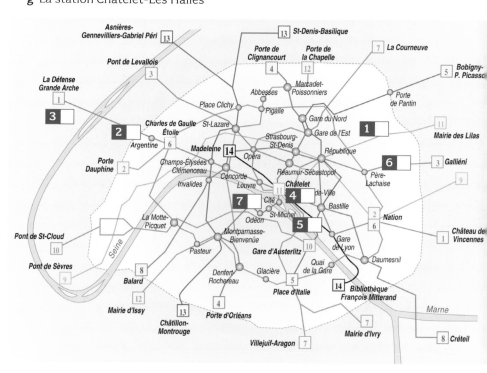

Personnages

De gauche à droite :

le Marin, l'homme à l'enveloppe, le gardien du cimetière, Max, Lucie,
l'inspecteur, les deux hommes en blouson, Monsieur Tino

Vocabulaire

1 Les mots suivants sont utilisés dans le chapitre 1. Associez chaque mot à l'image correspondante.

a banc   **b** répondeur   **c** portable   **d** caméra   **e** enveloppe
f tache   **g** poubelle   **h** montre   **i** blouson

CHAPITRE 1

L'homme à l'enveloppe

Déjà deux heures et quart de l'après-midi ! Lucie est en retard, Max s'impatiente. Il espère qu'elle n'a pas oublié leur rendez-vous. « À deux heures » lui a-t-il dit hier, à la sortie du lycée.

piste 02

Max n'a pas précisé le lieu du rendez-vous. Ce n'est pas la peine, ils se retrouvent toujours dans le parc des Buttes-Chaumont, sur un banc situé à côté du petit lac. Max et Lucie connaissent ce parc comme leur poche. C'est normal : ils habitent dans le quartier depuis qu'ils sont tout petits ! Aujourd'hui, ils ont quinze ans et sont toujours les meilleurs amis du monde. Très souvent, ils se donnent rendez-vous dans le parc et décident de ce qu'ils vont faire. Aujourd'hui, ils veulent aller au cinéma.

— Mais qu'est-ce qu'elle fait ? se demande Max.

Il prend son portable, compose le numéro de Lucie, mais tombe malheureusement sur le répondeur. « Salut, c'est bien moi,

Poursuite dans Paris

Lucie, mais je ne peux pas vous parler ! Laissez-moi un message et je vous rappelle. Bisous ». Max dit d'une voix énervée :

— Ça fait déjà un quart d'heure que je t'attends... On va rater la séance. T'es où ?

Max soupire. Il se lève, fait quelques pas puis s'assoit de nouveau. La séance commence dans vingt-cinq minutes. Si au moins Lucie répondait au téléphone, ils pourraient se donner directement rendez-vous au cinéma.

Des bruits de pas lui font tourner la tête. Malheureusement, ce n'est pas Lucie mais un homme habillé curieusement pour la saison. Le soleil de juin est déjà chaud et l'homme porte un imperméable et un chapeau. Peut-être est-ce un acteur en train de tourner un film ? Max regarde dans toutes les directions à la recherche d'une caméra, mais il ne voit rien.

L'homme arrive devant Max. Il l'attrape au cou. Max se débat mais l'homme le tient fermement. Il lui dit à l'oreille avec une certaine difficulté :

— L'enveloppe... Services secrets français... cet après-midi... quatre heures... Argentine... Monsieur Tino... Guitare... Attention aux autres...

Max parvient finalement à se dégager :

— Vous devez vous tromper de personne, lui dit-il. J'attends une copine et...

L'homme ne le laisse pas finir. Il lui glisse l'enveloppe dans les mains et s'éloigne en traînant la jambe. Du sang coule du bas de son imperméable. Max se lève et lui crie :

— Vous êtes blessé !

L'homme s'arrête. Il ouvre son imperméable et regarde Max. Il y a une grosse tache rouge sur son pantalon.

Poursuite dans Paris

— Ce sont les risques du métier, dit-il en grimaçant de douleur. Je te l'ai dit : fais attention aux autres.

Il se retourne et accélère le pas. Max tente une dernière fois de le retenir :

— Attendez ! Je vous assure que je ne comprends rien à votre histoire.

Mais l'homme disparaît dans le parc. Max retourne l'enveloppe dans tous les sens. Que peut-il en faire ?

Il s'assoit et cherche une solution. Cinq minutes plus tard, deux autres hommes accourent dans sa direction. Ils portent de gros blousons et des lunettes de soleil. Décidément, se dit Max, les gens s'habillent bien curieusement aujourd'hui !

Max cache l'enveloppe sous son tee-shirt. Lorsqu'ils arrivent à sa hauteur, le plus grand des deux hommes lui demande :

— T'as pas vu un drôle de type avec un imper ?

Max hésite à lui répondre. Ce sont peut-être ces « autres » dont l'homme à l'enveloppe lui a dit de se méfier ? À qui peut-il faire confiance ?

— Alors, p'tit, insiste le deuxième homme, t'as vu quelqu'un ou pas ?

Max a toujours détesté qu'on l'appelle « p'tit ». Maintenant qu'il a quinze ans, il trouve cela vraiment ridicule.

— Non, dit-il fermement. Pourquoi ?

Les deux hommes ne répondent pas. Ils viennent d'apercevoir quelque chose sur le sol.

— Du sang ! Il n'ira pas bien loin. Dépêchons-nous !

Ils repartent en courant. Si Max ne sait plus quoi penser, il est au moins sûr d'une chose : garder l'enveloppe est trop dangereux. Il doit s'en séparer au plus vite. Il ne sait pas ce qu'elle contient mais cette histoire n'a pas l'air d'être un jeu. Sa

Poursuite dans Paris

première idée est de la jeter dans une poubelle. Après tout, c'est la meilleure façon de faire disparaître ce problème. Il se lève et se dirige vers la poubelle la plus proche. Il y enfonce l'enveloppe bien au fond, après s'être assuré que personne ne l'observe.

Max se sent soulagé, mais quelque chose le préoccupe encore. L'enveloppe doit probablement contenir des informations très importantes. Cet homme lui a fait confiance pour continuer sa mission, et lui, il jette l'enveloppe dans une poubelle : ce n'est pas très courageux de sa part ! Et puis cet inconnu est blessé, sa vie est peut-être en danger ! Max sent qu'il ne peut pas en rester là.

— Je dois prévenir la police !

Il retourne fouiller la poubelle : « Beurk ! Pourquoi j'ai mis l'enveloppe tout au fond ? ». Un petit garçon qui passe avec sa mère le regarde d'un drôle d'air :

— C'est sale de mettre les mains dans les poubelles, hein, maman ?

Max ferme les yeux, plonge la main dans la poubelle et reprend rapidement l'enveloppe. Il se dirige vers la sortie du parc. Soudain, une main lui tape sur l'épaule. Max sursaute.

— T'allais pas partir sans moi ?

— Lucie ! Tu m'as fait peur ! Qu'est-ce que tu fais là ?

— On avait rendez-vous, non ?

— Oui, oui. Excuse-moi, je suis un peu...

Max regarde sa montre : il est trois heures moins le quart ! Adieu le ciné !

— C'est moi qui m'excuse, dit Lucie. Je suis un peu en retard. On va où ?

— À la police !

Compréhension écrite et orale

DELF **1** Lisez le chapitre et dites si les affirmations suivantes sont vraies (V) ou fausses (F).

		V	F
1	C'est la première fois que Max va dans le parc des Buttes-Chaumont.	☐	☐
2	Max a rendez-vous avec un ami.	☐	☐
3	Lucie habite juste à côté du parc.	☐	☐
4	L'histoire se passe à Paris, en hiver.	☐	☐
5	L'homme à l'enveloppe est blessé.	☐	☐
6	Max sait ce qu'il y a dans l'enveloppe.	☐	☐
7	Les deux hommes qui accourent vers Max portent des blousons.	☐	☐
8	Max décide d'ouvrir l'enveloppe.	☐	☐
9	Lucie arrive en avance au rendez-vous.	☐	☐
10	Trois heures moins le quart : trop tard pour aller au cinéma !	☐	☐

2 Écoutez l'enregistrement de Max et Lucie.

piste 03

DELF

Associez les images suivantes à Max ou à Lucie (ou à tous les deux). Justifiez votre réponse.

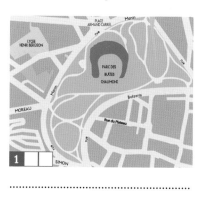

1 ☐☐

2 ☐☐

....

....

....

....

3 ☐☐

....
....

4 ☐☐

....
....

5 ☐☐☐

....
....

6 ☐☐☐

....
....

Grammaire

Le langage familier

Le langage familier est utilisé dans la vie courante, en famille ou entre amis. Il se caractérise notamment par :

- l'utilisation d'abréviations, d'élisions et de mots familiers :

  tu as   → t'as,

  télévision   → télé,

  petit-déjeuner → petit-déj,

  homme   → type...

- la suppression de « ne » dans la forme négative :

  Je n'aime pas attendre. → *J'aime pas attendre.*

- une forme interrogative plus simple :
  Qu'est-ce que tu fais aujourd'hui ? → *Tu fais quoi aujourd'hui ?*
- l'utilisation du pronom *on* à la place de *nous* :
  Nous sommes partis en vitesse. → *On est parti en vitesse.*

1 Récrivez ce texte en langage courant.

J'sais pas quoi faire tout seul. Y'a rien à faire ici. Si p'pa m'avait filé son bouquin, j'pourrais au moins le lire. Tiens, j'connais ce type là-bas. J'devrais p'têt' aller lui parler. Il est plus p'tit que moi mais ça fait rien, on peut devenir copain. Ah ! Mon portable qui sonne ! « Allô ! Ouais, ça boume. Tu fais quoi ? On va au ciné alors ? OK. J't'attends dans le parc. Salut. »

2 Trouvez les mots qui se cachent derrière leur abréviation familière.

1	Le ciné	2	Les infos
3	Le resto	4	L'aprèm
5	Un pro	6	Les maths
7	La pub	8	Un prof
9	Le foot	10	Un appart

3 Dans le chapitre 1, relevez cinq expressions du langage familier et transformez-les en langage courant.

Production orale

DELF **1** Présentez-vous à un camarade en prenant comme modèle les enregistrements de Max et de Lucie.

Paris

Vous savez bien sûr que Paris est la capitale de la France. Peut-être connaissez-vous aussi le nombre de ses habitants ? Ils sont plus de deux millions !!! (Plus de dix millions avec les villes de la petite et de la grande couronne autour de Paris !)

Mais savez-vous qu'il y a vingt arrondissements à Paris ? Le premier est situé au centre de la ville, près de la Seine et de l'île de la Cité. Les autres s'enroulent autour de lui dans le sens des aiguilles d'une montre à la manière d'une coquille d'escargot.

L'île de la Cité et la Seine.

Voitures sur les Champs-Élysées.

Chaque arrondissement est divisé administrativement en quatre quartiers. Max et Lucie, par exemple, habitent dans le 19e arrondissement, dans le quartier appelé « Combat ».

Dans Paris, la circulation en voiture est parfois très difficile. Pourtant, la ville compte plus de 5 900 voies de circulation. Si vous aimez les chiffres, sachez que la rue de Vaugirard (6e et 15e arrondissements) est la plus longue (environ 4 400 m), la rue des Degrés (2e) la plus courte (moins de 6 m), la rue du Chat-qui-pêche (5e) la plus étroite, et l'avenue Foch (16e) la plus large (120 m !). Enfin, si on mettait les rues de Paris bout à bout, on obtiendrait une route de 1 700 kilomètres.

Si la ville de Paris est connue dans le monde entier pour ses monuments (tour Eiffel, Arc de triomphe, Notre-Dame, la Grande Arche…) et pour sa vie artistique et culturelle (la mode, l'Opéra, les

Le passage Vivienne.

musées, les théâtres…), la « ville lumière » dissimule également des endroits plus secrets…

Citons par exemple les rues couvertes d'un toit en verre. On les appelle des « passages ». Construits au début du XIXe siècle, ils regroupaient de nombreux commerces et permettaient ainsi aux dames de l'époque de se promener loin de la foule et à l'abri des intempéries. Ils servaient aussi de raccourci pour passer d'un quartier à un autre. Il y en avait autrefois plus de 150 dans Paris. Aujourd'hui, il n'en reste qu'une vingtaine : le plus long est le passage Choiseul, dans le 2e arrondissement.

Mais les lieux les plus cachés se situent en réalité sous les pieds des Parisiens… On y trouve en effet les égouts de la ville, dont les galeries se déploient sur 2 400 kilomètres. Les premières ont été creusées vers 1850 pour l'évacuation des eaux sales. Aujourd'hui, elles servent également à l'approvisionnent en eau et au passage de câbles pour les communications.

Il y a également 285 kilomètres de souterrains très mystérieux : les catacombes. Ce sont à l'origine les carrières qui, pendant des siècles, ont produit les pierres nécessaires à la construction de Paris. À la fin du XVIIIe siècle, on y a transporté les ossements des cimetières parisiens devenus trop petits et très pollués (environ six millions de personnes !). C'est pourquoi on leur a donné le nom de catacombes, comme les cimetières souterrains de Rome où se réunissaient les premiers chrétiens.

Mais attention ! Il est facile de se perdre dans toutes ces galeries, et il est interdit de les visiter en dehors des parcours balisés !

Les catacombes.

Compréhension écrite

1 Cochez la bonne réponse.

1 Paris compte plus de...
- a ☐ deux cent mille habitants.
- b ☐ vingt millions d'habitants.
- c ☐ deux millions d'habitants.

2 Le 20e arrondissement de Paris est situé...
- a ☐ au centre de la ville.
- b ☐ entre le 19e et le 21e arrondissement.
- c ☐ au nord-est de la ville.

3 Les arrondissements de la capitale s'enroulent à la manière...
- a ☐ des défenses d'éléphant.
- b ☐ d'une coquille d'escargot.
- c ☐ d'une queue de cochon.

4 Les passages parisiens ont été construits...
- a ☐ avant Jésus-Christ.
- b ☐ au XIXe siècle.
- c ☐ dans les années 2000.

5 Les eaux sales de la ville coulent...
- a ☐ dans les rues.
- b ☐ dans les égouts.
- c ☐ dans les catacombes.

6 Les catacombes ont été creusées pour...
- a ☐ extraire des pierres.
- b ☐ enterrer les morts.
- c ☐ servir de parking.

Vocabulaire

1 Les mots suivants appartiennent au champ lexical du métro. Associez chaque mot à l'image correspondante.

a bouche de métro   **b** escalier mécanique   **c** portillon

d nom de la station   **e** quais, voies   **f** rame de métro

g passagers   **h** ticket   **i** plan du métro

CHAPITRE 2

Monsieur Tino

Les services secrets français ! Mais c'est super !

piste 04

Max ne s'étonne pas de la réaction de son amie. Elle est toujours prête pour l'aventure et rien ne lui fait peur. Lui se sent encore impressionné par ce qu'il vient de vivre. Quand il lui dit qu'il a décidé de donner l'enveloppe à la police, Lucie propose autre chose :

— Pourquoi ne pas trouver nous-mêmes ce Monsieur Tino pour lui donner l'enveloppe ? De toute façon, avec un temps pareil, on va pas s'enfermer dans un ciné !

— Tu oublies que celui qui m'a donné l'enveloppe est blessé !

— Un agent des services secrets n'a pas besoin de toi pour se faire soigner...

Lucie a raison. Et puis, Max est un grand amateur de romans policiers. Ce sera peut-être la seule fois dans sa vie qu'il rencontrera des espions. Lucie lui demande de se souvenir exactement des mots de l'homme à l'enveloppe.

— Il m'a parlé de services secrets français et d'un certain Monsieur Tino. Il m'a également dit de faire attention aux autres. Mais, tu sais, il était difficile à comprendre. Ah, oui ! Il a aussi parlé de l'Argentine.

L'Argentine ? Max et Lucie ne vont pas aller si loin pour remettre une lettre à un inconnu.

— Il a dit aussi : « Quatre heures, cet après-midi ».

— Voilà qui est mieux, extra même !

Max ne comprend pas pourquoi c'est si formidable. Lucie lui explique sa théorie : si le rendez-vous est aujourd'hui, Monsieur Tino n'est certainement pas en Argentine. Il doit même être ici, à Paris. Elle regarde sa montre.

— Trois heures. Nous devons faire vite.

— Et on le trouve où, d'après toi, ce Monsieur Tino ?

— Sans doute dans un endroit à Paris qui a un rapport avec l'Argentine : une rue qui porte ce nom, par exemple. Ou bien un restaurant de spécialités argentines. Ou encore...

Lucie fait plusieurs fois le tour du banc en réfléchissant à voix haute, puis s'arrête et reproche à son ami de ne pas l'aider. Max sourit.

— Qu'est-ce qu'il y a de si drôle ? lui demande Lucie.

— Rien, rien, j'attends de voir si tu as d'autres idées géniales.

— Pourquoi ? T'en as, toi ?

— Bien sûr, dit-il en se levant. Suis-moi, sinon nous allons rater le rendez-vous ! Argentine : c'est le nom de la station de métro à côté de chez ma grand-mère !

Les deux amis sortent du parc des Buttes-Chaumont et marchent en direction de la station de métro Bolivar. Ils descendent les escaliers, passent leur ticket dans le portillon d'accès et vont sur le quai « Direction Louis-Blanc ».

Une jeune femme s'adresse à Max :

Poursuite dans Paris

— Excusez-moi, pour aller à l'Arc de triomphe, s'il vous plaît ?

Elle a un accent espagnol. Max hésite à répondre. L'Arc de triomphe est à proximité de la station Argentine. Peut-être connaît-elle l'homme à l'enveloppe ? Lucie devine l'embarras de son ami. Pour le rassurer, elle lui montre les trois enfants qui accompagnent la jeune femme. Ils ressemblent davantage à des touristes étrangers qu'à des membres des services secrets. Max sourit. « Cette histoire va me rendre fou ! » se dit-il avant d'indiquer le chemin.

— Vous allez jusqu'à la station Jaurès avec la ligne 7bis. Là, vous changez et prenez la ligne numéro 2 direction Porte Dauphine ; vous descendez ensuite à Charles de Gaulle-Étoile.

Le métro, c'est facile quand on connaît !

Une rame entre dans la station. Max et Lucie montent et s'installent sur deux strapontins. Ils parlent peu pendant le trajet. La situation est très étrange : un homme qu'ils ne connaissent pas leur a indiqué un rendez-vous avec un autre inconnu ! Max se demande s'il a bien fait de récupérer l'enveloppe dans la poubelle. Lucie, elle, se dit qu'elle a peut-être eu tort d'encourager Max à chercher Monsieur Tino. Les deux amis se tournent au même instant l'un vers l'autre :

— Tu crois qu'on a bien fait de...

Ils éclatent de rire ! La rame entre dans la station Jaurès. C'est là qu'ils changent de ligne. Max a pris ce métro tellement de fois qu'il pourrait presque faire le trajet les yeux fermés. Ils empruntent le couloir et prennent la ligne 2 direction Porte Dauphine. Treize stations plus tard, Max et Lucie changent encore une fois. Ils prennent la ligne 1 direction La Défense.

— Le métro me fait parfois l'effet d'un immense labyrinthe ! dit Max.

Poursuite dans Paris

— Plus qu'une station...

Argentine ! Les voilà sur le lieu du rendez-vous. Il est quatre heures moins cinq.

Max et Lucie ne sont pas les seuls à descendre du métro. Tandis que les autres personnes se dirigent vers la sortie, nos deux amis restent sur le quai. Lucie va s'asseoir sur un siège en plastique bleu. Max préfère marcher le long du quai. Une rame de métro entre dans la station. Elle s'arrête. Les portes s'ouvrent et des voyageurs descendent. À quoi peut bien ressembler Monsieur Tino ? À cet homme qui porte une valise ? À celui-là, plus jeune, qui semble chercher sa direction ? Ou encore au vieux monsieur qui s'appuie sur sa canne pour marcher ?

Le quai se vide. Max rejoint Lucie.

— On ne va quand même pas demander leur nom à chacune de ces personnes, dit-il, ni agiter un papier avec l'inscription « Monsieur Tino » !

À ce moment-là, les notes d'une guitare attirent l'attention de Lucie. Elles proviennent du couloir qui conduit à la sortie de la station. Ils s'approchent du musicien. « Monsieur Tino ? » Le musicien sourit. Max sort l'enveloppe et la lui tend. L'homme s'apprête à la prendre puis arrête son geste.

— Non ! dit-il. Deux types nous surveillent depuis le quai d'en face. C'est trop dangereux. Donnez l'enveloppe directement au Marin. Vous le trouverez sur le port ou à l'écluse.

Le musicien ne donne pas plus de précisions et s'enfuit en courant. Une voix interpelle Max depuis le quai d'en face :

— Bouge pas, p'tit, on arrive !

Max reconnaît tout de suite les deux hommes en blouson : ce sont ceux du parc des Buttes-Chaumont !

Compréhension écrite et orale

DELF **1** **Mettez les mots dans l'ordre, puis dites si les affirmations suivantes sont vraies (V) ou fausses (F).**

V   F

1   l'enveloppe / Lucie / ne / donner / à la police / veut / pas

....

2   le nom / Argentine / d'une / est / de métro / station

....

3   touristes / Max / métro / espagnols / des / rencontre / dans le

....

4   station / à proximité / à / l'Arc / est / de triomphe/ de la / Argentine

....

5   amis / assis / deux / sont / des / strapontins / les / sur

....

6   Tino / joue / la / de / trompette / Monsieur

....

7   musicien / enveloppe / le / prend / l'

....

8   guitare / Lucie / courant / attrape / et / en / la / s'enfuit

....

2 **Lucie et Max s'interrogent. Associez les questions aux réponses.**

1   ☐   Que faisons-nous de l'enveloppe ?

2   ☐   Quel métro allons-nous prendre ?

3   ☐   Qu'a dit l'homme à l'enveloppe ?

4   ☐   Où nous asseyons-nous ?

5   ☐   Cet homme... C'est Monsieur Tino, à ton avis ?

6   ☐   Connais-tu les deux hommes sur le quai d'en face ?

a   Il a dit : « Rendez-vous à quatre heures cet après-midi ».

b   Oui ! Je les ai déjà vus dans le parc.

c   Nous allons la donner directement à Monsieur Tino.

d Là-bas, il y a deux places libres.

e Prenons la ligne 7bis et ensuite la ligne 2 !

f Non, je pense qu'il est plus jeune que lui.

Enrichissez votre **vocabulaire**

Un mot possède un sens qui lui est propre. Mais celui-ci peut être détourné quand le mot est associé avec un autre. On dit alors qu'il est employé au sens figuré.

Exemple : **salé(e)** : qui contient du sel. (sens propre)

une addition salée : une addition dont le prix est très élevé. (sens figuré)

1 Retrouvez le sens des expressions suivantes.

1 Une idée creuse.
    a ☐ Une idée sans intérêt.
    b ☐ Une idée à creuser.
    c ☐ Une idée géniale.

2 Faire une fleur.
    a ☐ Offrir des fleurs.
    b ☐ Accorder un avantage.
    c ☐ Cueillir des fleurs.

3 Mettre son grain de sel.
    a ☐ Ajouter du sel dans un plat.
    b ☐ Intervenir sans y avoir été invité.
    c ☐ Passer le sel.

4 Tomber dans les pommes.
    a ☐ Boire du jus de pomme.
    b ☐ Éplucher une pomme.
    c ☐ S'évanouir.

5 Parler en l'air.
    a ☐ Parler sans réfléchir.
    b ☐ Parler en regardant le ciel.
    c ☐ Prier.

2 Associez chaque expression à la phrase correspondante.

a   Vert de rage   b   Avoir la plume facile
c   Un échec cuisant   d   Une histoire savoureuse
e   Un accueil glacial

1   ☐   Les personnages, l'action et le style de ce roman le rendent passionnant.
2   ☐   Il est devenu furieux quand j'ai eu l'idée de déchirer l'enveloppe.
3   ☐   C'est la troisième fois qu'il rate son examen.
4   ☐   Pour lui, écrire n'est pas vraiment un problème.
5   ☐   Il entre dans le commissariat et tout le monde le regarde sans lui adresser la parole.

3 Les mots soulignés sont utilisés dans le chapitre 2. Retrouvez leur sens.

1   Il s'étonne de sa réaction.
    a   ☐   Il trouve sa réaction étrange.
    b   ☐   Il est d'accord.
    c   ☐   Il n'est pas d'accord.

2   Elle est toujours prête.
    a   ☐   Elle accepte avec plaisir.
    b   ☐   Elle pleure toujours.
    c   ☐   Elle ne sait jamais ce qu'elle veut.

3   Max est impressionné par sa rencontre avec les trois hommes.
    a   ☐   Il en rit encore.
    b   ☐   Il est troublé.
    c   ☐   Il ne s'en souvient plus.

4   Max est amateur de romans policiers.
    a   ☐   Il n'en a jamais lus.
    b   ☐   Il déteste ça.
    c   ☐   Il aime en lire.

5 L'embarras de Max est visible.

a ☐ Il sait exactement ce qu'il faut faire.

b ☐ Il est très mal à l'aise.

c ☐ Il a mal au bras.

6 Le métro est un vrai labyrinthe.

a ☐ Il est très bien décoré.

b ☐ Il est très vieux.

c ☐ On se perd dans ses nombreux couloirs.

7 Le jeune homme cherche sa direction.

a ☐ Il fouille dans son sac pour trouver quelque chose.

b ☐ Il réfléchit sur le chemin qu'il doit prendre.

c ☐ Il essaie de trouver un ami dans la foule.

8 Les notes d'une guitare attirent l'attention de Lucie.

a ☐ Lucie remarque la musique.

b ☐ Lucie n'aime pas cette musique.

c ☐ La musique est trop forte pour Lucie.

Production écrite et orale

DELF ❶ **En vous promenant dans la rue avec un ami, vous trouvez un paquet par terre. Vous voulez l'apporter à la police, mais votre ami veut l'ouvrir.**

- Imaginez votre conversation.
- Écrivez ensuite un courriel à un autre ami pour lui présenter les arguments de chacun.

Le métro parisien

Impossible de rater le métro dans Paris ! Les lignes forment en effet une grande toile d'araignée qui couvre toute la capitale. Et les stations sont facilement repérables grâce à leur architecture particulière et à l'indication « Métro » (ou « M ») qui signale leur emplacement.

Le métro parisien est né à la fin du XIXe siècle pour faciliter la circulation dans la capitale. C'est l'ingénieur Fulgence Bienvenüe qui est responsable du chantier. La station de la gare Montparnasse porte d'ailleurs son nom (Montparnasse-Bienvenüe).

La ligne la plus ancienne – la ligne 1 – a été mise en service le 19 juillet 1900. Elle traverse Paris d'est en ouest. En 1905, on a construit une ligne qui passe sous la Seine. La première ligne entièrement automatique (la ligne 14) date de 1998 : les rames y circulent sans conducteur.

La station Louvre-Rivoli.

Il existe aujourd'hui 16 lignes, 211 km de voies et 380 stations, dont vingt-six aériennes. De nombreuses stations sont particulièrement bien décorées : Louvre-Rivoli ressemble par exemple à un véritable musée, la Déclaration des droits de l'homme est inscrite sur les murs de la station Concorde, et on se croit dans une étrange machine à la station Arts et Métiers…

Mais il y a en réalité beaucoup plus de 380 stations. Certaines, fermées durant la Deuxième Guerre mondiale, n'ont pas été rouvertes depuis. D'autres n'ont jamais été utilisées après leur construction. Parfois, il n'existe même aucun accès à ces stations fantômes !

Si le métro ressemble à un grand labyrinthe, on y circule facilement avec un peu d'habitude. Chaque ligne est représentée par un numéro, une couleur et une direction. Il y a dans les stations et dans les rames de nombreux plans qui permettent de ne pas se perdre !

Ouvert de 5h20 à 1h10, le métro transporte chaque jour 5 millions de passagers. La grande majorité l'utilise pour ses déplacements professionnels. Une expression familière résume d'ailleurs la journée des Parisiens : « Métro, boulot, dodo »...

Pour accéder aux quais, il faut se procurer un ticket. On peut l'acheter à un guichet ou à un distributeur automatique. Il donne le droit de parcourir toutes les lignes pendant deux heures, sans sortir du métro. Et si on rate le passage d'une rame... pas de panique ! La suivante arrive quelques minutes plus tard (de 2 à 8 minutes, selon le moment de la journée).

Prendre le métro n'est donc pas difficile. Mais attention ! « Avoir un métro de retard » ne veut pas dire avoir raté une rame... Cette expression familière signifie « ne pas être au courant des dernières nouvelles » !

Compréhension écrite

1 Dites si les affirmations suivantes sont vraies (V) ou fausses (F).

		V	F
1	Les lignes du métro desservent une partie de Paris.	☐	☐
2	La première ligne de métro date de 1900.	☐	☐
3	Toutes les stations sont souterraines.	☐	☐
4	Chaque ligne est repérée par un numéro, une couleur et une direction.	☐	☐
5	Certaines lignes passent sous la Seine.	☐	☐
6	Les stations sont toutes décorées de la même façon.	☐	☐
7	Le métro est ouvert toute la nuit.	☐	☐
8	Il faut attendre une heure entre deux rames de métro.	☐	☐

Vocabulaire

1 **Les mots suivants appartiennent au champ lexical du port. Associez chaque mot à l'image correspondante.**

a un port   b une péniche   c une écluse   d une capitainerie   e un canal
f un marin   g un quai   h un bateau   i un fleuve   j un pont   k un ponton

CHAPITRE 3

Poursuite dans le métro

Les deux hommes en blouson se mettent à courir et disparaissent dans le couloir de la station Argentine. Dans moins de deux minutes, ils seront certainement sur le même quai que Max et Lucie. Nos deux amis n'ont pas le temps de s'enfuir.

Heureusement, un métro entre dans la station. Max et Lucie montent dans la rame en bousculant les gens qui descendent. Le signal de fermeture des portes retentit. Les deux hommes arrivent sur le quai mais les portes se ferment juste devant eux. Le métro quitte la station, Max et Lucie sont en sécurité.

— Ouf, on l'a échappé belle ! À ton avis, c'est qui ? demande Lucie.

Max ne sait pas. Il ne sait pas non plus qui sont l'homme à l'enveloppe et Monsieur Tino. Il ne sait même pas pourquoi Lucie et lui prennent autant de risques. Une chose est sûre : beaucoup de monde s'intéresse à cette enveloppe.

— Nous pourrions l'ouvrir, dit-il à Lucie.

— Ici, dans le métro ? Tu es fou, il y a trop de monde.

Poursuite dans Paris

— T'as raison. Je crois aussi qu'il est préférable d'en savoir le moins possible. Il faut vraiment s'en débarrasser rapidement. Au fait, qu'est-ce qu'il a dit le musicien déjà ?

— « Donnez l'enveloppe directement au Marin. Vous le trouverez au port ou à l'écluse. »

Lucie a retenu la phrase par cœur tellement elle lui semblait curieuse : un port à Paris ? Elle connaît la Seine, bien sûr, le fleuve qui coule à Paris. Elle sait bien que des péniches y circulent mais elle n'a jamais entendu parler d'un port dans la capitale. Max pense aux bateaux-mouches.

— J'y suis allé une fois avec un cousin qui habite en province. On a embarqué près de la place de la Concorde. C'est peut-être là-bas.

Lucie ne semble pas convaincue par l'idée de Max :

— Je crois qu'il n'y a pas d'écluses à cet endroit-là.

— Tu as peut-être raison, répond Max. Alors, je ne vois pas.

— Attends, dit Lucie, j'ai une idée.

Elle se lève et s'approche d'une personne.

— Excusez-moi, je prépare un exposé sur le port et l'écluse de Paris pour mon cours de géographie. Pourriez-vous m'aider, s'il vous plaît ?

Max reste sans voix : Lucie a une telle assurance ! La jeune fille parcourt la rame en posant la même question à tout le monde. Mais les résultats ne sont pas très satisfaisants. Certaines personnes ne lèvent même pas les yeux de leur livre. Un homme d'une quarantaine d'années éclate de rire :

— Qu'est-ce qu'on vous apprend à l'école ? Il faut aller à la mer pour trouver des ports !

Découragée, Lucie décide d'abandonner quand une dame âgée lui fait un petit signe.

— Vous voulez peut-être parler du port de l'Arsenal, Mademoiselle ?

La dame lui explique qu'elle a travaillé de nombreuses années dans ce port. Elle commence à lui raconter toute sa vie mais Lucie l'interrompt :

— Excusez-moi, Madame, mais je suis pressée et...

— Bon, bon, répond la vieille dame. Le port de l'Arsenal est entre la Seine et le canal Saint-Martin. Il ne se trouve pas très loin de la place de la Bastille. Si vous allez à la capitainerie, dites bonjour à Marcel de ma part. Oh, je suis bête, il ne doit plus y travailler. Il est beaucoup plus âgé que moi et...

Lucie n'a pas vraiment le temps d'écouter le récit de la vie de Marcel. Elle remercie la vieille dame et rejoint Max.

— Mission accomplie. Il faut aller place de la Bastille ; le port de l'Arsenal est là-bas.

— Bravo, Lucie. On va descendre à La Défense et prendre le RER. On y sera plus rapidement.

À la station La Défense, Max et Lucie prennent le RER A qui file sous Paris à toute vitesse. Nos deux amis descendent à Châtelet-Les Halles, et alors qu'ils marchent dans un couloir, ils entendent derrière eux :

— Hé ! Vous deux là-bas, arrêtez-vous !

Max se retourne :

— Oh, non, les deux hommes en blouson ! Comment ils ont fait pour nous retrouver ?

Max et Lucie se mettent à courir. Heureusement, la station Châtelet-Les Halles est pleine de couloirs et de lignes de métro, et en plus, il y a toujours plein de monde. C'est plus facile pour semer quelqu'un.

— Ligne 1, à gauche, vite, crie Lucie.

Les deux adolescents se précipitent dans l'escalier mécanique, et sautent les marches trois par trois. Max se retourne : les deux hommes sont toujours derrière eux.

Poursuite dans Paris

Un couloir à gauche... un couloir à droite... ils arrivent dans un grand hall.

— On n'arrivera pas à les semer, dit Lucie essoufflée.

Max aperçoit alors un photomaton. Il attrape Lucie par le bras :

— Suis-moi !

Les deux adolescents tirent le rideau et s'assoient sur le petit tabouret. Ils se serrent l'un contre l'autre pour prendre le moins de place possible.

— Si quelqu'un doit faire des photos d'identité maintenant, nous sommes perdus, murmure Lucie.

Les hommes en blouson arrivent dans le grand hall. Devant eux, il y a cinq couloirs. Ils ne savent pas lequel prendre.

— Ils nous ont échappé ! dit le plus grand.

— Ne t'inquiète pas, on va les retrouver, ce ne sont que des gamins !

— Le patron va être furieux !

— Tu verrais la tête que tu fais ! Y'a un photomaton là-bas, va te prendre en photo, tu vas bien rigoler !

Le plus petit entraîne son ami vers le photomaton. Il attrape le rideau et commence à le soulever.

— Je t'assure que ça en vaut la peine.

— Arrête ! On n'a pas de temps à perdre. Viens, on essaie ce couloir !

Le rideau retombe et les deux hommes s'en vont. Dans le photomaton, Lucie et Max respirent : c'était moins une ! Ils attendent encore quelques minutes, puis sortent du photomaton. Il y a toujours autant de monde dans le hall, mais les deux hommes en blouson ne sont plus là.

Lucie et Max se dirigent sans plus attendre vers la ligne numéro 1, direction Château de Vincennes.

Compréhension écrite et orale

DELF **1** Cochez la bonne réponse.

1 Lucie et Max prennent le métro pour...

a ☐ échapper aux deux hommes.

b ☐ se promener.

c ☐ aller voir la grand-mère de Max.

2 Une fois dans le métro, Max et Lucie décident...

a ☐ d'ouvrir l'enveloppe.

b ☐ de chercher le Marin.

c ☐ de jeter l'enveloppe.

3 Pour interroger les gens dans le métro, Lucie...

a ☐ monte sur le strapontin et crie.

b ☐ parcourt le métro.

c ☐ utilise son téléphone.

4 La vieille dame du métro connaît le port de l'Arsenal car...

a ☐ son mari y travaille.

b ☐ elle y travaille.

c ☐ elle y a travaillé.

5 Pour échapper aux hommes en blouson, Lucie et Max se cachent...

a ☐ derrière une publicité.

b ☐ dans un photomaton.

c ☐ dans un distributeur de boissons.

2 **Dans le chapitre 3, trouvez qui a fait quoi et dites pourquoi : Max (M), Lucie (L), les passagers (P), la vieille dame (V), l'un des hommes en blouson (H).**

1 ☐ Ils pénètrent dans le métro en bousculant les gens qui descendent.

....

2 ☐ Elle parcourt la rame du métro en posant à tout le monde la même question.

....

3 ☐ Ils ne lèvent même pas les yeux de leur livre.

....

4 ☐ Elle demande à Lucie de dire bonjour à Marcel de sa part.

....

5 ☐ Ils tirent le rideau et s'assoient sur le petit tabouret.

....

6 ☐ Il entraîne son collègue vers le photomaton.

....

Enrichissez votre **vocabulaire**

1 **Les mots soulignés sont utilisés dans le chapitre 3. Associez les phrases qui vont ensemble.**

1 ☐ Une sonnerie de téléphone <u>retentit</u>.
2 ☐ Il est <u>préférable</u> de ne pas ouvrir l'enveloppe.
3 ☐ Max et Lucie ne veulent pas <u>se débarrasser</u> de l'enveloppe.
4 ☐ Le cousin de Max habite <u>en province</u>.
5 ☐ Max aime faire des <u>exposés</u>.
6 ☐ Le métro <u>file</u> à toute allure.
7 ☐ Ils les ont <u>semés</u> !

a Pour cela, ils ont couru très vite.
b Il va d'un point à un autre de Paris en peu de temps.
c Lucie répond : c'est sa mère qui veut savoir où elle est.
d Il adore parler d'un sujet devant un public.
e Il vaut mieux en effet ne pas connaître son contenu.
f Max, lui, préfère vraiment vivre à Paris.
g Il serait pourtant très facile de la jeter dans une poubelle.

Production écrite et orale

DELF **1** **Il vous est certainement arrivé un jour de courir à vive allure comme Lucie et Max (en jouant avec un camarade, pour prendre un train, pour ne pas arriver en retard à l'école, ou encore pour semer quelqu'un). Racontez ce souvenir en quelques phrases.**

Vocabulaire

1 Les mots suivants appartiennent au champ lexical du café. Associez chaque mot à l'image correspondante.

a un comptoir   **b** une table   **c** une chaise   **d** un tabouret   **e** le patron
f une bouteille   **g** un verre   **h** un porte-manteaux   **i** un croque-monsieur
j une pendule   **k** un cendrier   **l** un client   **m** une serveuse (un serveur ou un garçon de café)   **n** une banquette   **o** un joueur de cartes   **p** une caisse
q une cliente qui appelle la serveuse   **r** un client qui paie l'addition
s un sandwich   **t** une tasse   **u** un journal

CHAPITRE 4

Le Marin

Max et Lucie arrivent au port de l'Arsenal. De l'eau, des bateaux, une capitainerie : pas de doute, c'est un vrai port ! Ils marchent le long du quai et interrogent plusieurs personnes occupées à nettoyer leur bateau.

piste 06

— Excusez-nous, savez-vous où nous pouvons trouver le Marin, s'il vous plaît ?

Tout le monde souhaiterait les aider, mais leur question est trop vague ! Max et Lucie le savent bien, mais ils n'ont pas d'autres indices à donner. Ils se dirigent ensuite vers l'écluse, qui permet aux bateaux de passer de la Seine au bassin de l'Arsenal avant de rejoindre le canal Saint-Martin. Ils posent de nouveau la même question à plusieurs personnes. On leur fait remarquer encore une fois qu'ils ne sont pas très précis.

— Autant chercher une aiguille dans une botte de foin, leur dit un jeune homme.

Poursuite dans Paris

Quand, soudain...

— Il y a bien quelqu'un qui se fait appeler le Marin par ici. Mais il met autant les pieds sur un bateau que moi dans une église. Il est très souvent au Café de l'Écluse, juste à l'entrée du port. Avec un peu de chance, c'est lui que vous cherchez...

Voilà une bonne nouvelle ! En effet, monsieur Tino a dit à nos deux amis qu'ils trouveraient le Marin « sur le port ou à l'écluse » !

Max et Lucie se dirigent rapidement vers le café. Ils y entrent et s'installent à une table. Une jeune femme vient prendre la commande. La poursuite dans le métro leur a donné faim et soif. Max prend un coca et un croque-monsieur, Lucie choisit une limonade et un sandwich au jambon.

— Un coca, une limonade, un croque et un jambon-beurre, répète tout haut la serveuse en s'éloignant.

Le café est plutôt bruyant. Six hommes sont en train de jouer aux cartes à l'une des tables du fond. Soudain, l'un d'eux reproche à son voisin d'avoir triché. Bientôt, tous les joueurs se disputent et c'est à celui qui criera le plus fort. Ils se calment finalement et redistribuent les cartes.

Max et Lucie regardent attentivement les clients : la dame avec le petit chien sur les genoux, l'homme qui lit le journal en buvant une bière, les deux types penchés sur le comptoir qui discutent avec le patron, les amoureux qui pensent plus à s'embrasser qu'à boire leur café. Ils observent chaque table sans deviner cependant qui pourrait bien être le Marin qu'ils recherchent.

La serveuse leur apporte la commande. Lucie est en train de mordre dans son sandwich quand un homme de petite taille entre dans le café. Le patron le salue :

Poursuite dans Paris

— Bonjour, le Marin ! Bien navigué aujourd'hui ?

L'homme ne répond pas et va s'asseoir à une table près d'une fenêtre.

— C'est lui ! chuchote Max.

Aucun doute possible : voilà notre homme ! Ses vêtements sont ceux d'un vrai loup de mer : casquette, tee-shirt rayé bleu et blanc, bottes en caoutchouc jaunes. La serveuse lui apporte un verre de vin rouge.

— Tu vois, dit Max, il n'a rien commandé mais elle sait déjà ce qu'il veut : un vrai habitué. Bon, j'y vais.

— Je viens aussi, dit Lucie.

Nos deux amis s'approchent du Marin. Max demande :

— On peut s'asseoir à côté de vous ?

L'homme, surpris, ne répond pas. Il fait même comme s'il n'avait rien entendu.

— C'est Monsieur Tino qui nous envoie, insiste Lucie à voix basse.

L'homme ne sourit pas davantage mais fait un geste qui doit probablement signifier « asseyez-vous ».

— Vous avez bien dit Monsieur Tino ? Il ne travaille pas avec des gens si jeunes d'habitude.

Max lui dit qu'ils ne le connaissent que depuis cet après-midi. Le Marin regarde par la fenêtre. Il est inquiet et demande si on les a suivis jusqu'ici. Max le rassure et lui explique qu'il a eu l'idée de se cacher dans un photomaton pour échapper à leurs poursuivants.

— Un photomaton ? s'étonne le Marin. Tu trouves que c'est une bonne cachette ?

Le Marin

Max commence à raconter en long et en large comment ils ont fait mais Lucie lui donne discrètement un coup de coude : elle trouve qu'il en fait un peu trop. Max sort alors l'enveloppe de sa veste et la donne au Marin qui la glisse immédiatement dans son sac. Le vieux loup de mer fait un signe de la tête et regarde de nouveau par la fenêtre. Les deux amis ne bougent pas. Le Marin les interroge :

— Vous voulez autre chose ?

— Non, rien, répond Max.

— Alors, au revoir, dit-il d'un ton sec.

En se levant, Max tend la main au Marin pour lui dire au revoir mais celui-ci le regarde sans bouger. Max insiste :

— Ça m'a fait plaisir de travailler pour les services secrets français.

Le Marin se met à rire puis se reprend aussitôt :

— Les quoi ? demande-t-il.

Max regarde autour de lui. Peut-être a-t-il parlé trop fort. Il se penche et dit :

— L'homme qui m'a donné l'enveloppe me l'a dit. Vous faites tous partie des services secrets français, c'est bien ça ?

— Je... C'est à dire... oui... c'est ça... des services secrets, très secrets même.

À ce moment-là, Lucie attrape le sac du Marin et le vide par terre. Elle s'empare de l'enveloppe et crie à Max :

— Viens, on sort, vite !

Max ne comprend pas, mais la suit sans hésiter. Ils se précipitent vers la porte et sortent du café. Le Marin se lève à son tour pour les poursuivre. La serveuse l'arrête :

— Dis-donc, tes deux amis sont partis sans payer !

— C'est pas mes amis.

Le Marin court vers la porte du café mais il se heurte à une table. Il tombe par terre et reçoit une bière bien fraîche sur la tête. La serveuse le regarde en riant :

— Je mets tout ça sur ta note si je comprends bien !

Dehors, les deux amis courent aussi vite qu'ils le peuvent. Arrivés sur le boulevard de la Bastille, Lucie fait un grand signe à un taxi.

— Taxi !

La voiture s'arrête, Max et Lucie montent rapidement.

— Vite, roulez tout droit ! dit Lucie au chauffeur.

Compréhension écrite et orale

DELF **1** Cochez la bonne réponse.

1   Combien y a-t-il de bateaux dans le port de l'Arsenal ?
   a ☐ Vingt.   b ☐ Deux cents.   c ☐ On ne sait pas.

2   Qui cherchent Max et Lucie dans le port ?
   a ☐ Monsieur Tino. b ☐ Le Marin.   c ☐ On ne sait pas.

3   Qui salue le Marin quand il entre dans le café ?
   a ☐ Max.   b ☐ Le patron du café. c ☐ On ne sait pas.

4   Où Max et Lucie trouvent-ils le Marin ?
   a ☐ Dans un café.   b ☐ Sur l'écluse.   c ☐ On ne sait pas.

5   Que boivent les joueurs de cartes ?
   a ☐ Du vin.   b ☐ Du café.   c ☐ On ne sait pas.

6   Que commande Lucie ?
   a ☐ Un sandwich.   b ☐ Un croque-monsieur.
   c ☐ On ne sait pas.

7   Comment s'appelle le Marin ?
   a ☐ Michel.   b ☐ Max.   c ☐ On ne sait pas.

8   Combien coûte le repas de nos deux amis ?
   a ☐ Quinze euros.   b ☐ Dix euros.   c ☐ On ne sait pas.

9   Que reçoit le Marin sur la tête ?
   a ☐ Une chaise.   b ☐ Une bière.   c ☐ On ne sait pas.

10 Quel moyen de transport prennent nos deux amis à la fin du chapitre ?
   a ☐ Un bus.   b ☐ Un taxi.   c ☐ On ne sait pas.

2 Écoutez le texte enregistré et trouvez les différences avec le chapitre 4.

piste 07

DELF

Grammaire

Le discours indirect au présent

- Le discours indirect est utilisé pour rapporter les propos de quelqu'un.
- La conjonction qui introduit le discours indirect dépend de la forme du discours indirect qu'il remplace (affirmative, interrogative).

*Max dit : « Je **vais** dans le café ».* → *Max dit qu'il **va** dans le café.*

*Elle demande : « **Que** faites-vous maintenant ? ».*
→ *Elle demande **ce que** vous faites maintenant.* (Idem avec **qu'est-ce que... ?** »)

*Le patron demande : « **Qu'est ce** qui se passe ici ? ».*
→ *Il demande **ce qui** se passe ici.*

*Le chauffeur de taxi demande : « **Où** va-t-on ? ».*
→ *Il demande **où** ils vont.* (idem avec **comment, quand, qui, quel**)

- Les pronoms sont modifiés pour garder le sens du texte.

*Elle **me** demande : « Que fais-**tu** ? »* → *Elle **me** demande ce que **je** fais.*

*Elle **lui** demande : « Que fais-**tu** ? »* → *Elle **lui** demande ce qu'**il** fait.*

---

1 Transformez les phrases au discours indirect.

1   Max dit : « Je vais questionner les gens là-bas ».

2   Le Marin demande à Max et Lucie : « Qui vous envoie ? ».

3   La serveuse lui demande « Que prenez-vous ? ».

4   Le joueur de cartes demande à son ami : « Quand arrêteras-tu de tricher ? ».

5   Lucie se demande : « Comment va-t-on sortir du café ? ».

Enrichissez votre **vocabulaire**

Le sens de certains adjectifs change suivant leur place par rapport au nom qu'ils qualifient (avant ou après).

*Un **pauvre homme** est un homme que l'on plaint pour une raison quelconque.*

*Un **homme pauvre** est un homme qui n'a pas d'argent.*

1 Trouvez la signification de chaque expression.

1	☐ Un grand homme	**a**	Il mesure presque 2 mètres !
2	☐ Un homme grand	**b**	Il a fait des choses extraordinaires dans sa vie.
3	☐ Mon ancien bateau	**a**	Il a été fabriqué il y a cent ans !
4	☐ Un bateau ancien	**b**	Je ne l'ai plus, j'en ai acheté un nouveau.
5	☐ Sa propre casquette	**a**	C'est la sienne.
6	☐ Sa casquette propre	**b**	Elle vient d'être lavée.
7	☐ Un curieux marin	**a**	Il veut tout savoir.
8	☐ Un marin curieux	**b**	Il paraît étrange.
9	☐ Un seul client dans le café	**a**	Il n'y a que lui dans le café.
10	☐ Un client seul dans le café	**b**	Il n'y a personne avec lui.
11	☐ Un sacré personnage	**a**	Il est hors du commun.
12	☐ Un personnage sacré	**b**	Il est lié à un dieu.
13	☐ Un sale chien	**a**	Il n'est pas gentil.
14	☐ Un chien sale	**b**	Il n'est pas propre.

Production écrite et orale

DELF **1** Imaginez que vous êtes assis dans un café. Utilisez le style direct et indirect pour en décrire l'ambiance en quelques lignes.

DELF **2** Max et Lucie observent les clients du Café de l'Écluse et font des commentaires sur leurs attitudes, leurs vêtements, leurs expressions...

- Imaginez leur conversation en utilisant le style direct et indirect.
- De retour chez lui, Max note sur un cahier la description de plusieurs clients. Aidez-le.

La Seine

Pendant des siècles, la Seine a joué un rôle très important dans le développement de Paris : elle permettait en effet de transporter facilement les marchandises dans la ville. La vie s'est donc organisée autour d'elle. Et celui qui contrôlait le fleuve, contrôlait la ville. Ce n'est donc pas un hasard si le centre de Paris est situé sur l'île de la Cité, et si de nombreux monuments ont été construits juste à côté des berges du fleuve.

Mais le fleuve peut aussi représenter un véritable danger : les Vikings – les guerriers des pays scandinaves – ont par exemple remonté la Seine et sont arrivés jusqu'à Paris dans les années 800 !

La Seine.

Le pont Alexandre III.

De plus, la Seine a très souvent débordé au cours des siècles, provoquant parfois d'énormes dégâts. En janvier 1910, par exemple, l'eau est montée à environ 8 mètres au-dessus de son niveau normal. La moitié de Paris a été inondée !

Dès l'Antiquité, le Petit et le Grand Pont permettent de passer d'une rive à l'autre. De nombreux ponts vont ensuite être construits. Très fragiles, ils ont régulièrement été détruits par des incendies ou emportés par les eaux de la Seine. Ils ont donc sans cesse été reconstruits !

Le Pont Neuf est l'un des trente-sept ponts dans Paris qui permettent aujourd'hui, aux voitures, piétons et métros de franchir la Seine. Malgré son nom, c'est le plus vieux pont de Paris ! Il date de 1607.

Les ponts de Paris sont très différents les uns des autres. Le pont de la Concorde a par exemple été construit avec des pierres de la prison de la Bastille, le pont Alexandre III est le plus décoré, le pont Mirabeau est en acier, le pont Charles-de-Gaulle a la forme d'une aile d'avion...

Ces ponts permettent également d'accéder à trois îles : l'île des Cygnes, sur laquelle se trouve une réplique en miniature de la statue de la Liberté, l'île de la Cité, centre historique de Paris où se trouve Notre-Dame, et l'île Saint-Louis, reliée à la « terre ferme » par cinq ponts différents.

On peut affirmer, sans crainte de se tromper, que la Seine coulera sous les ponts de Paris pendant très longtemps encore...

Compréhension écrite

1 Dans un guide touristique, vous trouvez cette fiche sur la Seine. Pouvez-vous la corriger ?

> **La Seine en bref :**
>
> Importance sur la vie de Paris : nulle ....
>
> Date d'une grande inondation : 2006 ....
>
> Ponts construits durant l'Antiquité : cinq ....
>
> Nombre de ponts à Paris : entre 0 et 100 ....
>
> Âge du plus vieux pont actuel : quelques mois ....
>
> Nom du plus vieux pont : le vieux pont ....
>
> Île où se trouve Notre-Dame : l'île déserte ....

Vocabulaire

1 Les expressions et les mots suivants sont utilisés dans le chapitre 5. Associez-les à la phrase correspondante.

a	Conduire au hasard	**b**	Un espion
c	Couper la parole	**d**	Reprendre le fil de son discours
e	Un auteur dramatique	**f**	Avoir de la culture
g	Un passionné de cinéma	**h**	Aller jusqu'au bout

1 ☐ Il écrit des pièces de théâtre.

2 ☐ Rouler sans connaître le chemin à l'avance.

3 ☐ Avoir des connaissances sur de nombreux sujets.

4 ☐ Continuer d'exposer son idée après avoir été interrompu.

5 ☐ Il recueille des informations secrètes.

6 ☐ Interrompre quelqu'un qui parle.

7 ☐ Il adore voir des films.

8 ☐ Finir ce que l'on a commencé.

2 Complétez les phrases avec les mots ou expressions de l'exercice précédent.

1 Molière était un grand ....

2 Suffit-il de lire beaucoup pour .... ?

3 On ne connaît jamais le nom des grands ....

4 Arrête de me .... tout le temps !

5 Surpris par le bruit, il arrête de parler, puis il ....

6 J'ai oublié la carte routière et je suis obligé de ....

7 Quels que soient les dangers, il faut .... de l'aventure.

8 Il connaît tout sur les acteurs et l'histoire du cinéma, c'est vraiment un .... !

CHAPITRE 5

Le chauffeur de taxi

Où voulez-vous aller ?

piste 08

C'est la troisième fois que le chauffeur du taxi pose cette question. Mais il obtient toujours la même réponse : « Tout droit ». Alors, il conduit en choisissant son chemin au hasard.

Max ne comprend pas l'attitude de Lucie dans le café.

— J'aime pas ce Marin, explique-t-elle. Tu le trouves pas bizarre, toi ?

— Si tu parles de ses vêtements, je te rappelle que nous étions dans un port.

Lucie pense plutôt à la façon dont il a parlé des services secrets. Est-ce qu'un espion avoue aussi facilement en faire partie ? Max reconnaît que c'est étrange.

— Je ne crois plus à cette histoire de services secrets, dit Lucie.

— C'est qui tous ces hommes alors ?

— De dangereux trafiquants de drogue, ou des terroristes peut-être.

Poursuite dans Paris

— Tu regardes trop la télé.

— C'est un passionné de cinéma comme toi qui me dit ça ?

Max sourit : un point pour Lucie ! Il soupire :

— J'étais content de me débarrasser de l'enveloppe. Qu'est-ce qu'on va en faire maintenant ?

— Je crois qu'on va aller la donner à la police.

— Hé ! Ho ! C'était ma première idée, ça ! Mais je ne suis plus d'accord. Nous devons aller jusqu'au bout maintenant.

— Qu'est-ce que tu veux dire ? Nous ne savons plus à qui donner l'enveloppe. On ne va pas retourner au Café de l'Écluse, s'excuser et la rendre au Marin, non ?

— J'ai une meilleure idée. Nous allons...

Le chauffeur de taxi lui coupe alors la parole :

— On continue d'aller tout droit ?

Lucie regarde par la fenêtre. Leur voiture passe devant le Louvre.

— Tout droit, oui, répond Lucie. On vous dira...

— Du moment que vous avez de quoi me payer, je veux bien faire le tour de Paris jusqu'à demain matin, répond le chauffeur en riant.

Max reprend le fil de son idée.

— Nous allons ouvrir l'enveloppe.

Lucie pousse un cri d'étonnement. Le chauffeur se réjouit :

— Ah, vous savez enfin où aller ?

— Pas encore, lui dit-elle. Mais nous savons ce que nous allons faire.

— C'est déjà quelque chose ! s'exclame le chauffeur.

Max ouvre l'enveloppe : ils vont enfin découvrir pourquoi ils courent depuis le début de l'après-midi. À l'intérieur, il y a une feuille blanche avec d'étranges indications.

Poursuite dans Paris

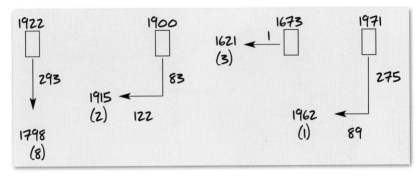

Max retourne la feuille. Quatre noms y sont inscrits. Il les lit à voix haute : « Molière, Proust, Oscar Wilde, Jim Morrison ».

— Mais qu'est-ce que c'est ? demande Lucie.

— Trois écrivains et un chanteur, lui dit Max.

— Merci, je le savais. Je me demandais simplement ce que ça voulait dire.

— Je ne vois pas de rapport entre eux, sinon qu'ils sont tous morts.

— T'as raison ! Et quel rapport avec les rectangles, les flèches et les chiffres situés de l'autre côté de la feuille ?

Max et Lucie observent à tour de rôle la feuille de papier. Ils la tournent, la retournent et l'examinent attentivement. Ils n'y trouvent cependant rien de plus.

Le taxi arrive en face de l'Arc de triomphe. Il fait le tour de la place de l'Étoile et redescend les Champs-Élysées. Ils sont assez loin du port de l'Arsenal et ils n'ont donc plus besoin de rester dans le taxi. Lorsque Lucie s'apprête à dire au chauffeur de s'arrêter, celui-ci s'exclame :

— Molière : 1622-1673, auteur dramatique et comédien français ; Proust : 1871-1922, écrivain français ; Oscar Wilde : 1854-1900, écrivain irlandais ; Jim Morrison : 1943 -1971, chanteur de rock américain.

— Ouah ! s'exclame Lucie. Vous connaissez les dates de

Poursuite dans Paris

naissance et de mort de beaucoup de monde comme ça ?

— Seulement de quelques personnages célèbres. Je peux vous emmener au Père-Lachaise, si vous voulez.

— Non, dit Lucie, je crois qu'on va descendre là. En réalité, on sait toujours pas où aller.

— C'est pour ça que je vous proposais cette destination.

— Pourquoi ? Je ne comprends pas, dit Lucie.

Le chauffeur ralentit et se gare le long du trottoir. Il se retourne et regarde les deux adolescents :

— Molière, Proust, Oscar Wilde et Jim Morrison ne se sont peut-être pas rencontrés de leur vivant. Mais aujourd'hui, ils sont tous les quatre enterrés dans le 20e arrondissement de Paris, au cimetière du Père-Lachaise.

Max et Lucie restent bouche bée !

— Comment vous savez tout ça ?

— On peut être chauffeur de taxi et avoir un peu de culture !

— C'est pas ce que j'ai voulu dire, s'excuse Lucie.

Max demande au chauffeur de répéter les dates anniversaires. Les années de décès des quatre personnages correspondent aux chiffres indiqués sur la feuille : 1922, 1900, 1673 et 1971 !

— Les rectangles représentent certainement les tombes de ces gens-là, dit Max.

— Les flèches doivent indiquer les directions à prendre, continue Lucie.

— Dans ce cas, les chiffres écrits sur les flèches signifient peut-être le nombre de mètres ou de pas à parcourir...

— ...pour arriver jusqu'à une autre tombe et trouver... quoi ?

— C'est justement la question, conclue le chauffeur. Alors, je vous emmène au Père-Lachaise ?

— Le plus vite possible ! répondent en même temps Lucie et Max.

Compréhension écrite et orale

DELF **1** **Cochez la bonne réponse.**

1 Pourquoi le chauffeur de taxi demande-t-il : « Où voulez-vous aller ? ».

   a ☐ Il ne connaît pas bien Paris.

   b ☐ Il veut savoir où conduire ses clients.

   c ☐ Il refuse de conduire nos deux amis.

2 Pourquoi Max et Lucie ne répondent-ils pas au chauffeur ?

   a ☐ Ils trouvent sa question stupide.

   b ☐ Ils ne savent pas où aller.

   c ☐ Ils lui font une blague.

3 Pourquoi Lucie veut-elle descendre du taxi ?

   a ☐ Le chauffeur conduit mal.

   b ☐ Elle a mal au cœur.

   c ☐ Ils sont suffisamment loin du port de l'Arsenal.

4 Pourquoi le chauffeur propose-t-il de les conduire au Père-Lachaise ?

   a ☐ Parce qu'il a un rendez-vous là-bas.

   b ☐ Il choisit cette destination au hasard.

   c ☐ Parce que les quatre personnages célèbres dont parlent Max et Lucie y sont enterrés.

5 D'après Max, que signifient les chiffres sur la feuille de l'enveloppe ?

   a ☐ Les années de décès des personnages célèbres.

   b ☐ Les années de naissance de ses grands-parents.

   c ☐ Le nombre de visiteurs du cimetière.

2 Pour chaque personnage, trouvez l'affirmation fausse.

1 Le chauffeur de taxi
   a ☐ Il connaît les dates de naissance des personnages célèbres cités dans le papier de l'enveloppe.
   b ☐ Il reste silencieux pendant tout le trajet.
   c ☐ Il propose de conduire Max et Lucie au cimetière du Père-Lachaise.

2 Lucie
   a ☐ Elle ne croit pas que le Marin soit un membre des services secrets.
   b ☐ Elle sait qui sont les personnages célèbres de l'enveloppe.
   c ☐ Elle veut abandonner l'aventure et retourner chez elle.

3 Max
   a ☐ Il propose d'ouvrir l'enveloppe.
   b ☐ Il pense que l'homme à l'enveloppe est un terroriste.
   c ☐ Il veut aller le plus vite possible au Père-Lachaise.

Enrichissez votre **vocabulaire**

1 Associez les situations suivantes aux phrases proposées.

1 ☐ Un garçon regarde un plan du métro.
2 ☐ Un couple fait signe à un taxi dans la rue.
3 ☐ Une dame âgée parle avec l'employé du guichet dans le métro.
4 ☐ Un homme s'adresse au serveur d'un restaurant, un billet de banque à la main.
5 ☐ Le chauffeur de taxi questionne son client.
6 ☐ Une jeune femme parle à la serveuse d'un café tout en regardant la carte.

a « L'addition, s'il vous plaît ! »
b « La ligne 1 jusqu'à Étoile, puis ligne 6 vers Nation ».
c « Une salade aux noix et un café, s'il vous plaît ».
d « Hep, taxi ! »
e « Où voulez-vous aller ? »
f « Combien coûte un carnet de tickets ? »

Grammaire

Les homophones

Les homophones sont des mots qui se prononcent de la même façon mais qui ont une orthographe et un sens différents.

mère (la maman de Lucie) **mer** (la mer Méditerranée)
maire (le maire de la commune)

1 Replacez les homophones suivants à la bonne place.

1 port, porc, pore.
   Lucie rêve parfois qu'elle se promène sur un .... et que le cri d'un .... la fait transpirer par tous les .... de sa peau.

2 paire, perds, père.
   Mon .... pose sur la table une .... d'as et me dit : « Tu .... la partie. »

3 maître, mettre, mètres.
   Max dit à Lucie : « Il faut .... l'enveloppe à la poubelle, mais je vois un chien sans son .... qui passe à quelques .... de moi ! »

4 la, là, l'a, las.
   Max est si .... qu'il veut rester ...., dans le taxi, et dormir toute .... journée. Il .... bien mérité.

5 vert, verre, ver.
   Un énorme .... tout .... grimpe le long de mon .... !

6 c'est, ses, sais, sait.
   Lucie .... que .... dangereux d'ouvrir l'enveloppe. .... mains tremblent quand elle voit les indications. Max lui dit : « Je .... ce qu'elles représentent. »

Production écrite et orale

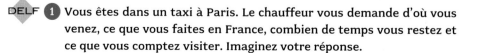

DELF **1** **Vous êtes dans un taxi à Paris. Le chauffeur vous demande d'où vous venez, ce que vous faites en France, combien de temps vous restez et ce que vous comptez visiter. Imaginez votre réponse.**

Les personnalités du cimetière
du Père-Lachaise

Le cimetière du Père-Lachaise est connu pour les personnages célèbres de toutes les époques qui y sont enterrés : on y trouve par exemple les peintres Delacroix, Caillebotte et Modigliani, les musiciens Chopin, Bellini et Rossini, ou encore les écrivains Colette, Balzac et Apollinaire.

Mais d'autres noms évoquent aussi des destins extraordinaires.

Une allée du cimetière.

Georges Eugène Haussmann (1809-1891) et **Fulgence Bienvenüe** (1852-1936)

Ces deux noms sont liés à l'histoire de Paris. À partir de 1853, Haussmann transforme la capitale : destruction des vieux quartiers, création de larges avenues et de grandes places (comme la place Charles-de-Gaulle d'où partent les Champs-Élysées), aménagement des jardins (dont les Buttes-Chaumont), modernisation des égouts... Le style haussmannien a sensiblement marqué les rues et les immeubles de Paris.

Vous connaissez Fulgence Bienvenüe : il est considéré comme « le père » du métro parisien. Dernier d'une famille de treize enfants, il a été amputé d'un bras à l'âge de 29 ans. Cet ingénieur a aussi travaillé dans les chemins de fer, et il a joué un rôle capital dans l'aménagement de Paris (rues, éclairage, canaux...). Il n'a pris sa retraite qu'à 80 ans !

Jean de La Fontaine (1621-1695)

Le Corbeau et le Renard, La Cigale et la Fourmi, Le Lièvre et la Tortue : connaissez-vous ces titres ? Il s'agit de trois des 243 fables écrites par Jean de La Fontaine. Ces courts récits mettent en scène des animaux dont les attitudes imitent celles des hommes. De nombreux vers de ses fables sont devenus des proverbes : *Rien ne sert de courir, il faut partir à point, On a souvent besoin d'un plus petit que soi, Tel est pris qui croyait prendre...*

Georges Méliès (1861-1938)

On dit parfois que c'est le père des trucages de cinéma. Georges Méliès est en effet le premier à faire des films avec des acteurs, des décors... et des effets spéciaux ! Il crée même une société de

production au nom très moderne, « Star Film », ainsi qu'un studio. À partir de 1897, il tourne plus de 500 films qui durent de 1 à 40 minutes : le plus célèbres est sans doute *Le voyage dans la lune* tourné en 1902. Mais le cinéma n'a pas encore le succès d'aujourd'hui et Méliès, ruiné, arrête ses activités en 1913. Il est reconnu aujourd'hui comme l'un des plus grands noms de l'histoire du cinéma.

Jean-François Champollion (1790-1832)

Quel est cet étrange personnage qui, dit-on, sait parler latin, hébreu et arabe à 14 ans ? Un élève surdoué sans doute ! Mais Champollion ne s'arrête pas là. Il se lance dans l'étude d'autres langues orientales et anciennes afin de réaliser son rêve : percer le secret des hiéroglyphes, l'écriture des Égyptiens ! Il étudie notamment l'extraordinaire pierre de Rosette. Sur cette pierre, découverte en Égypte en 1799, est gravé en trois langues (dont les hiéroglyphes) un texte datant de 196 avant Jésus-Christ ! Après de nombreuses années de recherches, Champollion réussit à déchiffrer les hiéroglyphes en 1822.

Compréhension écrite

1 **Devinez quel personnage du dossier aurait pu prononcer chacune des phrases suivantes.**

1 « Un jour, je saurai ce que ces drôles de signes veulent dire. »

....

2 « La grenouille qui veut se faire aussi grosse que le bœuf. Voilà un bon titre ! » ....

3 « Je crois que Paris portera encore ma marque dans deux cents ans. » ....

4 « Une caméra et quelques trucages suffisent pour inventer un nouveau monde ! » ....

 PROJET **INTERNET**

Le Père-Lachaise n'est pas le seul cimetière parisien. En effectuant une recherche sur Internet à partir de l'expression « cimetières de Paris », connectez-vous au site de la mairie de Paris.

▶ Combien y a-t-il de cimetières à Paris ?

▶ Dans la rubrique « Histoire et patrimoine », trouvez quels sont les métiers spécifiques qu'on y trouve.

▶ Dans la rubrique des cimetières intra-muros (dans Paris), vous trouverez le cimetière de Montparnasse.

a Quand a-t-il ouvert ses portes ?

b André Citroën y est enterré dans la 28e division. Qui était-il ?

▶ Le cimetière de Passy est également situé dans Paris.

a Consultez son plan. Quelle est la station de métro la plus proche ?

b Quel acteur français ayant joué le rôle de Don Camillo est enterré dans la 1ère division ?

▶ Le cimetière d'Ivry est situé hors de Paris (extra-muros).

a Combien compte-t-il d'arbres ?

b De quelles nationalités sont les soldats qui y sont enterrés ?

Vocabulaire

1 Les expressions et les mots suivants sont utilisés dans le chapitre 6. À l'aide des définitions, replacez les mots dans la grille.

se garer   se faufiler   froissé   indices   bouquet   fouiller
éclatante   on vous doit combien   défauts

1   Lucie déteste quand sa mère le fait dans ses affaires.

2   Si Max était amoureux de Lucie, peut-être lui en offrirait-il un avec des fleurs différentes.

3   Lorsqu'une pierre est éclairée avec une forte lumière, elle peut parfois le devenir.

4   Il n'est pas toujours facile pour des vélos de le faire dans la circulation.

5   Max et Lucie utilisent cette phrase pour payer une addition au restaurant ou pour payer un taxi.

6   Un papier le devient quand on le garde trop longtemps dans sa poche.

7   Ils aident les policiers à retrouver la trace des voleurs.

8   Comme tout le monde, Max en a des petits et, peut-être aussi, des grands. Mais il a surtout beaucoup de qualités.

9   Cela demande parfois beaucoup de temps à Paris, car il est difficile de trouver des places de parking libres.

CHAPITRE 6

Le Père-Lachaise

Nous y voilà, dit le chauffeur de taxi.

Il gare le taxi devant l'entrée du cimetière du Père-Lachaise.

piste 09

— On vous doit combien ?

— Rien ! C'est gratuit. Ça m'a fait plaisir de vous aider. Mais si vous trouvez un trésor, pensez à moi. Dépêchez-vous, le cimetière ferme à dix-huit heures le samedi. Mais j'y pense, j'ai peut-être quelque chose pour vous.

Le chauffeur se penche vers la boîte à gants de sa voiture. Il l'ouvre et fouille à l'intérieur. Il en sort un papier froissé.

— Le plan du cimetière. Un client l'a oublié l'autre jour dans ma voiture. Je garde tout, c'est mon grand défaut. Mais pour une fois, cela va rendre service à quelqu'un.

— Merci beaucoup ! Vous êtes très sympa, et vous êtes un super guide ! disent Max et Lucie en descendant de la voiture.

Alors qu'ils vont franchir les grilles du cimetière, le gardien les arrête.

Poursuite dans Paris

— Désolé, on ferme. Revenez demain.

— S'il vous plaît, insiste Lucie. Nous avons quelque chose d'urgent à faire.

— Urgent ? répète le gardien en riant. Je ne vois pas ce qu'il y a d'urgent à faire dans un cimetière !

Une sonnerie de téléphone retentit dans la maison du gardien, située près de l'entrée.

— Pas moyen d'être tranquille, s'énerve le gardien en allant répondre.

Pendant que le gardien leur tourne le dos, Max et Lucie en profitent pour se faufiler entre les grilles encore ouvertes et se cacher derrière la première tombe. Deux minutes plus tard, le gardien réapparaît. Il ne pense déjà plus aux deux adolescents et ferme les portes. Max et Lucie se retrouvent enfermés dans le cimetière. La situation est idéale pour chercher tranquillement.

À l'aide du plan donné par le chauffeur de taxi, Max repère les différentes tombes. Il marque les indications sur l'enveloppe, puis déchire celle-ci en deux.

— Tiens ! dit-il à Lucie. Tu t'occupes de Morrison et de Molière. Je prends Proust et Wilde. On se retrouve ici dans vingt minutes, ok ?

— D'accord, répond Lucie en se demandant ce qu'ils vont trouver grâce à ces étranges indices.

Les deux amis partent chacun de leur côté. Ils marchent lentement, en se cachant derrière les tombes et en essayant de faire le moins de bruit possible : le gardien est peut-être encore tout proche.

Tout à coup, le portable de Lucie se met à sonner. Elle répond le plus vite possible et parle à voix basse :

Poursuite dans Paris

— Allô ? Maman ! J'allais t'appeler... Si, si, c'est vrai... Je parle doucement ? C'est que... nous sommes au cinéma, en pleine séance. Je ne peux pas parler davantage à cause du film, tu comprends.... Non, je vais dîner chez Max. Je serai à la maison vers neuf heures, d'accord ?... À tout à l'heure.

Lucie éteint son portable et se dirige vers la tombe de Jim Morrison. C'est impressionnant de marcher toute seule au milieu d'un cimetière. Certaines tombes semblent très vieilles, presque abandonnées. Il y en a de très grandes qui ressemblent à des monuments, d'autres sont beaucoup plus petites, beaucoup plus simples. Et celle de Morrison, c'est laquelle ? Ce monument de pierres noires ? Elle s'approche. Non ! Cette belle chapelle ? Non ! Lucie quitte l'allée et s'aventure entre les tombes. Elle en voit une plus simple que les autres, avec des fleurs fraîches posées dessus. Elle s'avance : James Douglas Morrison. Elle y est.

Elle regarde le papier que lui a donné Max :

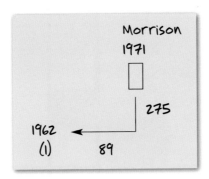

Elle marche en comptant le nombre de pas indiqué sur la feuille, 275 puis 89. Elle s'arrête ensuite, et se penche sur chaque tombe à la recherche du nombre 1962. Elle s'agenouille parfois pour déchiffrer les dates presque effacées. Une tombe à la pierre très blanche attire son regard. Elle s'approche et lit : Michel

Petrucciani. Elle connaît ce nom. C'est celui d'un pianiste de jazz. Elle regarde plus attentivement la tombe : « 1962-1999 ».

— J'ai trouvé !

Elle note le nom de Petrucciani sur le plan.

Elle fait ensuite la même chose à partir de la tombe de Molière. Cette fois-ci, c'est beaucoup plus facile : la tombe marquée 1621 est juste à côté. Il s'agit de celle de Jean de La Fontaine, celui qui a écrit les fameuses *Fables*.

Lucie revient ensuite au point de rendez-vous. Max est déjà là.

— La Fontaine et Petrucciani, annonce fièrement Lucie, un poète et un musicien.

— Zavatta et Delacroix, lui répond Max, un clown et un peintre.

Ils rapprochent les deux parties du plan sur lesquelles chacun a inscrit les noms qu'il a trouvés.

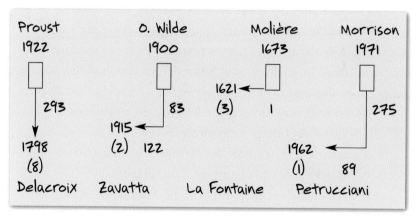

Les deux amis restent de longues minutes à chercher ce que peuvent signifier les chiffres indiqués entre parenthèses. Soudain, Max a une idée.

Poursuite dans Paris

— C'est peut-être la position d'une lettre. Par exemple : la troisième lettre de La Fontaine est le F, la deuxième de Zavatta, le A ; la huitième de Delacroix, le I et la première de Petrucciani, le P.

— F, A, I, P, résume Lucie. Ce n'est pas beaucoup plus clair.

Max et Lucie essaient alors de former des mots avec ces quatre lettres : FAIP, PIFA, FIPA, APIF, PIAF...

— PIAF ! s'écrie Lucie, c'était une chanteuse ! Tu crois que...

Elle se jette sur le plan.

— Là : Édith Piaf ! Elle aussi est enterrée au Père-Lachaise.

Lucie et Max courent dans les allées en direction de la tombe d'Édith Piaf. Ils n'ont pas de mal à la trouver : le marbre noir est éclatant et envahi de fleurs, comme si la chanteuse était morte il y a quelques jours.

— Elle a encore beaucoup de fans, on dirait, dit Lucie.

— Il nous reste plus qu'à chercher autour de sa tombe.

Max et Lucie soulèvent les fleurs en essayant de ne pas les abîmer. Lucie attrape un énorme bouquet de roses eveloppé dans du papier. Elle le soulève pour regarder en dessous. Le bouquet lui échappe des mains et tombe sur le sol. Le papier s'est déchiré.

— Ils en mettent du papier autour de ces roses... Mais... Qu'est-ce que c'est que ça ? On dirait de la toile.

Max s'approche. Ensemble, ils déroulent le morceau de toile et découvrent petit à petit la peinture d'un tableau.

— Tu crois que c'est ce qu'on cherche ? demande Max.

Une voix d'homme lui répond :

— Les mains en l'air, ne bougez plus !

Compréhension écrite et orale

DELF ❶ Dites si les affirmations suivantes sont vraies (V) ou fausses (F). Corrigez les affirmations fausses.

V F

1 Lucie trouve la tombe de Molière. ☐ ☐

....

2 Le téléphone de Max sonne. ☐ ☐

....

3 Lucie trouve un tableau dans une poubelle. ☐ ☐

....

4 Le gardien ne les voit pas entrer dans le cimetière. ☐ ☐

....

5 Ils pensent qu'ils doivent chercher autour de la tombe de Zavatta. ☐ ☐

....

6 Le chauffeur de taxi donne à nos deux amis un plan du cimetière. ☐ ☐

....

7 Lorsque Lucie et Max arrivent au cimetière, celui-ci est fermé. ☐ ☐

....

❷ Remettez les affirmations de l'exercice précédent dans l'ordre chronologique de l'histoire.

Grammaire

Les phrases interrogatives peuvent être introduites par des mots-outils (pronoms ou adverbes) qui désignent l'objet de la question. Celui-ci peut être :

- une personne. *Qui es-tu ?*
- une chose. *Que cherches-tu ?*
- un lieu. *Où es-tu ?*
- une manière. *Comment es-tu sorti ?*
- une raison. *Pourquoi es-tu parti ?*

1 Complétez les questions en utilisant *qui, comment, où, pourquoi, que.*
Associez ensuite chaque question à sa réponse.

Questions

1 .... le taxi se gare-t-il ?

2 .... Max et Lucie vont-ils au cimetière du Père-Lachaise ?

3 .... les accueillent à l'entrée du cimetière ?

4 .... le gardien retourne-t-il vers sa maison ?

5 .... Lucie sait-elle qu'il s'agit de la tombe qu'elle cherche ?

6 .... trouvent nos deux amis dans le bouquet de fleurs ?

Réponses

a ☐ Pour découvrir ce que cache le plan trouvé dans l'enveloppe.

b ☐ Car la date de naissance correspond avec les inscriptions de la feuille de papier.

c ☐ Devant le cimetière du Père-Lachaise.

d ☐ Un tableau.

e ☐ Le gardien du cimetière.

f ☐ Parce que son téléphone sonne.

Enrichissez votre **vocabulaire**

1 Complétez la biographie de Molière à l'aide des mots proposés.

1 **a** célèbres	**b** ennuyeux	**c** chers
2 **a** théâtre	**b** nom	**c** métier
3 **a** pays	**b** rue	**c** ville
4 **a** mais	**b** car	**c** alors
5 **a** films	**b** photos	**c** pièces
6 **a** attaques	**b** félicitations	**c** aventures
7 **a** tôt	**b** tard	**c** après

Molière est l'un des auteurs dramatiques et comédiens français les
plus (**1**) .... Il est né à Paris en 1622. Son vrai (**2**) ....
est Jean-Baptiste Poquelin. En 1643, après ses études, il décide de

devenir comédien. Après des débuts difficiles, il quitte Paris et parcourt la province avec une troupe de théâtre pour jouer des pièces de ville en (**3**) .... C'est à cette époque qu'il se met à écrire. Lorsqu'il revient à Paris, le frère du roi l'installe dans un théâtre. Il connaît (**4**) .... beaucoup de succès. En quinze ans, il écrit et monte plus de trente pièces (*Les Précieuses ridicules, L'École des femmes, Tartuffe, Dom Juan, Le Misanthrope, L'Avare,* ...). Les (**5**) .... de Molière décrivent sans concession les défauts de la société et de ses contemporains. Ainsi, malgré le succès, Molière doit faire face à de nombreuses (**6**) .... sur ses textes. En 1673, il est pris d'un malaise en jouant *Le Malade imaginaire*. Il meurt chez lui quelques heures plus (**7**) ....

Production écrite et orale

DELF ① Qui prononce à votre avis la dernière phrase du chapitre ? Imaginez ce qui se passe dans le dernier chapitre de l'histoire.

DELF ② Les indices ci-dessous donnent les pistes de trois scénarios possibles pour le dernier chapitre. Écrivez le résumé de chacun d'eux. À vous de décider de la fin...

Qui a parlé ?	Pourquoi ?	Que se passe-t-il ?
1 Le chauffeur de taxi	Il pensait bien que Max et Lucie trouveraient de l'argent.	Max et Lucie l'assomment.
2 L'homme à l'enveloppe	Max et Lucie ont déchiffré le message de l'enveloppe pour lui.	Il attache Max et Lucie.
3 Le gardien du cimetière	Il prend Max et Lucie pour des voleurs.	Les deux amis s'enfuient dans le cimetière.

Vocabulaire

1 Trouvez les mots dans le « serpent de lettres » en vous aidant des indications données. Attention aux lettres en trop !

sursauterlunpistoletaembarquerncélèbreguneversioneaffirmélunebandedetrafiquantsudesrisquesslecoupduphotomaton

1   Réagir brusquement après avoir été surpris : ....

2   Une arme qui tire des balles : ....

3   Se faire arrêter par la police (familier) : ....

4   Se dit de quelqu'un ou de quelque chose de très connu :
....

5   Une façon de raconter un évènement : ....

6   Dit avec conviction : ....

7   Un groupe de personnes malhonnêtes : ....

8   Des dangers : ....

9   La ruse de Max pour échapper aux hommes en blouson :
....

Rassemblez les lettres en trop et découvrez un indice sur le tableau que Lucie a trouvé enroulé dans le papier du bouquet de fleurs.

_ ' _ _ _ _ _ _

C'est un tableau du peintre Jean-François Millet. Il a été peint en 1858 et représente deux paysans qui se recueillent dans leur champ à l'heure de la prière de l'angélus. Il est exposé au Musée d'Orsay à Paris. Que fait-il alors dans le cimetière du père Lachaise, caché dans un bouquet de fleurs ?

CHAPITRE 7

Les hommes en blouson

Max et Lucie sursautent. Ils se retournent. Deux hommes en blouson pointent leur pistolet dans leur direction. Max les reconnaît tout de suite : ce sont ceux qui les suivent depuis le parc des Buttes-Chaumont !

piste 10

— Eh bien ! On peut dire que vous nous avez fait courir.

— Attention ! répond Max. Nous travaillons pour les services secrets français. Nos collègues vont bientôt arriver.

Les deux hommes éclatent de rire. Le plus grand lui répond :

— Très drôle. Et moi, je suis le président de la République et je te présente mon ami, la reine d'Angleterre !

— Je ne plaisante pas. Vous ne connaissez peut-être pas Monsieur Tino et le Marin ? Ils sont ...

Le plus grand des deux hommes s'approche de Max et lui met sa carte d'inspecteur de police devant les yeux.

Poursuite dans Paris

— Nous les connaissons très bien et nous les avons également arrêtés. Vos « collègues » vous attendent même au Quai des Orfèvres, à la Crim. Allez, on vous embarque !

Max regarde Lucie d'un air inquiet. Le Quai des Orfèvres, c'est le siège de la police judiciaire à Paris. La Crim, c'est la brigade criminelle, autant dire que ce sont des policiers qui s'occupent de grosses affaires...

Une heure plus tard, Lucie est assise dans le bureau de l'inspecteur au troisième étage du Quai des Orfèvres. L'inspecteur a placé devant lui le tableau qui était enroulé dans le bouquet de fleurs.

— Tu sais ce que c'est, ça ? lui demande-t-il.

— C'est un tableau, répond Lucie.

— Bravo ! Mais encore...

Lucie ne sait pas. L'inspecteur lui explique qu'il s'agit d'un tableau très célèbre, *L'Angélus* peint par Millet. Il a été volé la semaine dernière au Musée d'Orsay à Paris. Lucie dit qu'elle ne l'avait jamais vu avant ce soir.

— Dans ce cas, que faisais-tu avec ce tableau entre les mains près de la tombe d'Édith Piaf ?

Lucie raconte toute l'histoire. Elle commence avec l'homme à l'enveloppe dans le parc des Buttes-Chaumont et termine avec la tombe d'Édith Piaf au cimetière du Père-Lachaise. L'inspecteur écoute attentivement. Il fait ensuite entrer Max dans son bureau, lui montre le tableau et lui pose la même question qu'à Lucie.

— Tu sais ce que c'est, ça ?

Les hommes en blouson

— J'ai vu un reportage à la télévision la semaine dernière, répond Max. C'est un tableau célèbre qui a été volé. Mais je ne me souviens plus de son nom.

Max raconte à son tour tout ce qui s'est passé depuis le début de l'après-midi. L'inspecteur l'écoute avec autant d'attention. La version de Max est identique à celle de Lucie. L'inspecteur demande à nos deux amis :

— Que savez-vous de Monsieur Tino et du Marin ?

— Seulement ce que nous venons de vous dire, déclarent Max et Lucie.

Le téléphone placé sur le bureau se met à sonner. L'inspecteur répond.

— Oui... D'accord... Tu es sûr ? ...Parfait...

Il raccroche et regarde Max et Lucie en souriant :

— Vous avez de la chance tous les deux. Les autres ont affirmé ne pas vous connaître.

— Quels « autres » ? demande Max.

L'inspecteur leur explique que l'homme à l'enveloppe, Monsieur Tino et le Marin appartiennent à une bande de trafiquants d'œuvres d'art. Ce sont eux qui ont volé *L'Angélus* de Millet la semaine dernière.

— Mais pourquoi l'homme à l'enveloppe m'a-t-il parlé des services secrets français? demande Max.

— Tu aurais recherché Monsieur Tino s'il t'avait dit la vérité ? En parlant des services secrets, il espérait t'impressionner. Il a réussi.

Max s'excuse et dit qu'ils ont été stupides.

Poursuite dans Paris

— Au contraire, répond l'inspecteur, vous avez mené une belle enquête. Sans vous, nous n'aurions peut-être jamais retrouvé le tableau. Vous nous avez bien fait courir aussi. Mais pourquoi avez-vous pris tous ces risques ?

Max et Lucie se regardent. Pourquoi ? Ils ne le savent pas vraiment.

— Je crois que Max voulait m'impressionner, dit Lucie en souriant.

— Tu exagères ! C'est toi qui disais qu'il faisait trop beau pour aller au cinéma...

— Disons alors qu'on voulait tous les deux vivre quelque chose qui sort de l'ordinaire ! On peut partir maintenant ?

— Vous êtes mineurs. On va demander à vos parents de venir vous chercher. Encore une question tout de même : comment avez-vous fait pour disparaître à la station Châtelet-Les Halles ?

Max regarde fièrement Lucie.

— C'est un vieux truc d'agent secret, dit-il. On appelle ça le coup du photomaton...

Compréhension écrite et orale

DELF **1** Cochez la bonne réponse.

1 Que pointent les deux hommes vers Lucie et Max ?
- a ☐ Leur carte de police.
- b ☐ Un bonbon.
- c ☐ Leur pistolet.

2 Qu'appelle-t-on le Quai des Orfèvres ?
- a ☐ Un port.
- b ☐ Un cimetière.
- c ☐ Le siège de la police.

3 Où l'inspecteur interroge-t-il Lucie et Max ?
- a ☐ Dans son bureau.
- b ☐ Dans un jardin.
- c ☐ Au cinéma.

4 Qu'a volé la bande de trafiquants ?
- a ☐ Un bateau.
- b ☐ Un bouquet de fleurs.
- c ☐ Un tableau.

5 Avec qui l'inspecteur parle-t-il au téléphone ?
- a ☐ Le chauffeur de taxi.
- b ☐ Un collègue.
- c ☐ Le père de Lucie.

6 Qui va venir chercher nos deux amis ?
- a ☐ Monsieur Tino.
- b ☐ Leurs parents.
- c ☐ Le Marin.

Enrichissez votre **vocabulaire**

1 Retrouvez les adjectifs qui qualifient les mots soulignés en remettant les lettres dans l'ordre.

1 Le plus .... des <u>deux hommes</u> s'approche de Max. (ragdn)

2 Max regarde Lucie d'un <u>air</u> .... (tqniieu)

3 C'est un <u>tableau</u> .... qui a été volé. (bélèrce)

4 Ce sont des policiers qui s'occupent de .... affaires. (seorsgs)

5 Vous avez mené une .... enquête. (leble).

6 C'est un .... truc d'agent secret. (xvuei).

7 Max et Lucie doivent attendre leurs parents car ils sont .... (sruenim)

8 L'homme à l'enveloppe a dit qu'il travaillait pour les services .... (rcesste)

2 L'inspecteur interroge Max. Retrouvez les questions qu'il lui pose en mettant les mots dans le bon ordre.

1 Monsieur / avez-vous / Où / Tino ? / rencontré

....

2 l'enveloppe ? / a / vous / donné / Qui

....

3 station Châtelet ? / Comment / à la / disparu / avez-vous

....

4 tableau ? / ce / Connaissez-vous

....

5 dans / cimetière ? / faisiez-vous / Que / le

....

6 des / Marin ? / Êtes-vous / amis / du

....

piste 11

Vérifiez les questions en écoutant l'enregistrement.

piste 12

3 Écoutez les réponses de Max et associez-les aux questions correspondantes.

a ☐   b ☐   c ☐   d ☐   e ☐   f ☐

Les anagrammes

Ce sont des mots composés des mêmes lettres, mais dans un ordre différent.

Exemple : **mai** (le cinquième mois de l'année) / **ami** (le copain)

4 **Trouvez les anagrammes en vous aidant des lettres et des définitions.**

1 m, e, r, a

   a   Elle sert pour faire avancer une barque. ....

   b   Les deux policiers la pointent vers Max et Lucie au début du chapitre 7. ....

   c   Se dit de quelque chose qui a un goût désagréable. ....

   d   Une petite étendue d'eau. ....

2 i, c, n, e, h

   a   Il aboie. ....

   b   C'est la maison du **a**. ....

   c   Sa capitale est Pékin. ....

3 i, r, e, n p, s, a, i

   a   Un habitant de Paris. ....

   b   Un médicament qui soulage les maux de têtes. ....

4 u, i, e , c, l

   a   C'est la meilleure amie de Max. ....

   b   Comme *celle* mais pour un garçon. ....

5 i, s, p, r, a

   a   On peut y visiter le métro et les catacombes et y croiser Lucie et Max. ....

   b   Quatre et six le sont, mais trois et neuf ne le sont pas. ....

   c   Un peu de conjugaison : passé simple, 2e personne du singulier, verbe du premier groupe. ....

   d   Encore un passé simple, 3e personne du singulier, pour un verbe qui signifie *aspirer par le nez*. ....

PROJET **INTERNET**

Le tableau volé

L'Angélus de Jean-François Millet est exposé au Musée d'Orsay à Paris. En tapant « Musée d'Orsay » sur un moteur de recherche, connectez-vous au site du musée.

Cherchez les réponses aux questions dans les différentes rubriques du site.

▶ Dans quels bâtiments est installé le musée ?
▶ En quelle année a-t-il ouvert ses portes ?
▶ Quelle est sa fréquentation annuelle ?
▶ Le musée abrite-t-il seulement des peintures ?
▶ Cherchez une représentation de *L'Angélus* dans les collections de peintures.
▶ Citez le nom d'une sculpture qui y est exposée.
▶ Quelles sont les expositions en cours ?
▶ Quelle est l'adresse du musée ?
▶ Quelle station de métro faut-il emprunter pour accéder au musée ?
▶ Quel jour de la semaine le musée est-il fermé ?

Jean-François Millet
1814-1875
L'Angélus

1 Devinez quel(s) personnage(s) se cache(nt) derrière chaque affirmation.

1 Il joue de la musique sur le quai du métro. ....

2 Ils poursuivent Max et Lucie dans le métro. ....

3 Il va souvent au Café de l'Écluse. ....

4 Ils surprennent Max et Lucie dans un cimetière. ....

5 Sa mère l'appelle sur son portable. ....

6 Ils font partie d'une bande de trafiquants. ....

7 Il décide d'ouvrir l'enveloppe dans le taxi. ....

8 Elle pose une question aux voyageurs du métro. ....

9 Il a un plan du cimetière du Père-Lachaise. ....

10 Il est blessé et donne une enveloppe à Max. ....

2 Répondez aux questions et découvrez le mot mystérieux.

1 Quelle est la capitale de la France ? ☐ _ _ _ _

2 Quel moyen de transport passe sous Paris ? _ _ _ ☐

3 Où coulent les eaux sales ? _ _ _ ☐ _ _

4 Qu'est-ce que le Père-Lachaise ? _ _ _ _ _ _ ☐ _

5 À quel animal fait penser la disposition des arrondissements de Paris ? _ ☐ _ _ _ _ _

6 Quel est le nom du plus vieux pont ? _ _ ☐ _

7 Quel fleuve coule à Paris ? _ _ ☐ _ _

8 Comment appelle-t-on les anciennes carrières sous Paris ? _ _ ☐ _ _ _ _ _ _

9 Que faut-il pour accéder aux quais du métro ? _ _ _ _ ☐ _

☐☐☐☐☐☐☐☐

3 Écrivez une phrase sur chacun des personnages (un trait de caractère, un détail physique ou d'apparence, une action qu'il accomplit...).

1 Le Marin. ....

2 La vieille dame dans le métro. ....

3 Le chauffeur de taxi. ....

4 Lucie. ....

5 L'homme à l'enveloppe. ....

6 Les policiers en blouson. ....

7 Max. ....

4 Complétez les phrases.

1 Max attend Lucie dans le .... des Buttes-Chaumont. Il l'appelle avec son ....

2 Pour aller à la .... Argentine, Max et Lucie prennent le ....

3 Max et Lucie courent dans les .... du métro. Puis ils se .... dans un photomaton.

4 Lorsqu'ils arrivent au .... de l'Arsenal, les deux amis marchent le long du ....

5 Dans le café, la .... prend leur commande. Max observe les autres .... assis dans la salle.

6 Pour échapper au Marin, les deux amis montent dans un .... qui démarre aussitôt. Le .... leur demande où ils veulent aller.

7 Lucie est impressionnée de marcher toute .... dans un .... au milieu des tombes.

8 L'inspecteur de .... leur apprend le nom du .... qui a été volé : *l'Angélus*.

5 Remettez les dessins dans l'ordre en suivant l'histoire et résumez celle-ci.

....

....

....

....